Contraste insuffisant
NF Z 43-120-14

Illisibilité partielle

Valable pour tout ou partie
du document reproduit

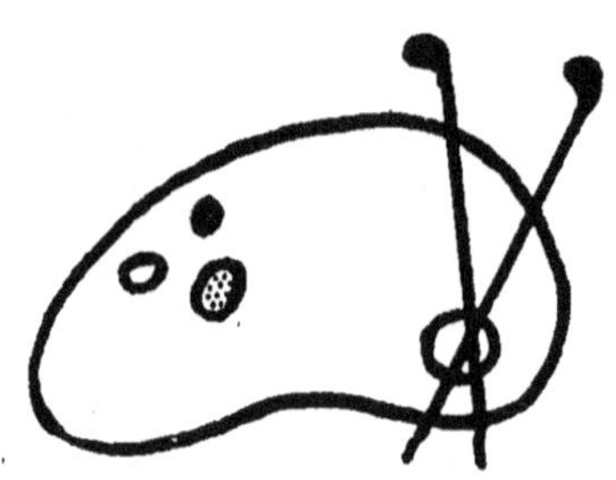

Couvertures supérieure et inférieure
en couleur

LA DISCIPLINE

DE

LA LÉGION D'HONNEUR

PAR

Léon AUCOC

MEMBRE DE L'INSTITUT

ANCIEN PRÉSIDENT DE SECTION AU CONSEIL D'ÉTAT

Extrait de la Revue Politique et Parlementaire (Août 1895)

PARIS

BUREAUX DE LA *REVUE POLITIQUE ET PARLEMENTAIRE*

110, RUE DE L'UNIVERSITÉ, 110

Paris. — Typ. A. DAVY, 52, rue Madame. — Téléphone

DE

LA LÉGION D'HONNEUR

PAR

Léon **AUCOC**

MEMBRE DE L'INSTITUT

ANCIEN PRÉSIDENT DE SECTION AU CONSEIL D'ÉTAT

Extrait de la Revue Politique et Parlementaire (Août 1895)

PARIS

BUREAUX DE LA *REVUE POLITIQUE ET PARLEMENTAIRE*

110, RUE DE L'UNIVERSITÉ, 110

LA DISCIPLINE DE LA LÉGION D'HONNEUR

La législation sur la discipline de la Légion d'Honneur est très peu connue. Nous venons d'en avoir un exemple mémorable. Ce n'est pas pour discuter cet exemple que nous écrivons ici ; nous voulons faire une œuvre de science et non de polémique politique. D'ailleurs nous serions entraîné trop loin. Quand on pourra étudier au point de vue scientifique l'ordre du jour adopté par la Chambre des députés le 13 juillet 1895, quand on le rapprochera des principes du droit constitutionnel sur la séparation des pouvoirs, des règles du droit criminel sur les garanties d'impartialité et de libre défense dues aux accusés, quand on verra les conséquences d'un vote aussi grave émis après un examen si rapide, nous ne doutons pas qu'on n'éprouve quelque étonnement. Il nous paraît préférable en ce moment de nous borner à exposer comment a été constituée et comment fonctionne la justice disciplinaire de la Légion d'Honneur à laquelle nous avons participé pendant vingt-trois ans. Sans doute notre exposé arrive trop tard pour éviter de graves erreurs juridiques et des blâmes mal fondés ; mais il pourra n'être pas inutile pour l'étude des réformes qu'on annonce.

Nul ne conteste la nécessité d'une justice disciplinaire à l'égard des membres de la Légion d'Honneur. Plus cette marque de distinction les élève au-dessus de leurs concitoyens, plus ils sont tenus de donner dans leur conduite l'exemple de la correction, de la droiture, de la loyauté, plus il importe que les membres devenus indignes par une défaillance de porter le signe de l'honneur soient retranchés de la corporation dont ils compromettent le prestige.

Seulement on ne doit pas oublier lorsqu'on institue ou qu'on applique des règles de discipline, qu'elles ont une grande analogie avec les peines ; que si la répression des scandales est commandée par l'intérêt public, l'inculpé a le droit de prouver qu'on l'accuse à tort ; que si un doute suffit pour autoriser à refuser une récompense, une certitude est nécessaire pour autoriser à prononcer une peine ; que les lois de l'honneur sont sacrées et qu'on peut y manquer gravement sans tomber sous le coup de la loi pénale, mais qu'elles ne sont pas écrites ni précisées ; qu'en un mot l'œuvre de cette justice est complexe et ne doit pas s'accomplir avec de simples impressions, parce que la flétrissure d'une dégradation est souvent une peine plus grave que la perte de la liberté ou de la vie.

Depuis le xviiie siècle, l'esprit français a eu généralement une tendance très prononcée à atténuer les peines et à augmenter les garanties données aux accusés pour leur défense. Il est remarquable qu'en matière de discipline de la Légion d'Honneur une tendance contraire s'est produite et avec raison, en ce sens que l'action de la justice disciplinaire a été étendue et fortifiée. C'est une raison de plus pour consacrer les garanties données aux inculpés. Mais l'opinion publique a, dans ces derniers temps, montré une vive impatience en présence des lenteurs qu'entraînaient les formalités indispensables pour assurer une bonne justice. Il y a là des entraînements que les esprits sages doivent regretter ; si l'on y cédait on sacrifierait des principes essentiels et ceux qui se plaignent aujourd'hui d'une répression trop lente et trop mesurée pourraient être victimes demain.

Pendant longtemps, le législateur n'a cru pouvoir autoriser l'exercice du pouvoir disciplinaire qu'à la suite de condamnations prononcées par la justice pour des infractions aux règles du Code pénal. Dans ces conditions, il n'y a qu'à tirer la conséquence de la condamnation lorsqu'elle est définitive.

En 1873, après plusieurs tentatives dont la première date de 1816, et qui n'avaient abouti que partiellement, une loi est venue poser un principe nouveau. Elle a autorisé l'application de peines disciplinaires pour des faits qui ne pouvaient être l'objet de poursuites judiciaires et qui cependant attentent à l'honneur d'un membre de la Légion. Il faut étudier successivement dans leurs grandes lignes les règles relatives à ces deux branches du pouvoir disciplinaire.

On verra dans cette étude les questions délicates que la jurisprudence du Conseil de l'ordre a rencontrées et a dû trancher, comment il a poursuivi cet idéal d'éviter aucun contact entre la Légion d'Honneur et une flétrissure, tout en évitant de prononcer des peines disproportionnées aux fautes commises, comment parfois les principes généraux qui dominent la législation criminelle ont limité son action.

I

A quelle autorité appartient-il de tirer les conséquences d'une condamnation définitive? Il faut distinguer. Le pouvoir disciplinaire spécial à la Légion d'Honneur n'est pas toujours appelé à intervenir. Cela dépend de la nature de la peine qui est prononcée, plutôt que de la nature de la juridiction qui a statué.

Il y a des peines auxquelles la loi (soit le Code pénal, soit les Codes de justice militaire pour l'armée de terre et pour l'armée de mer) attachent, de plein droit, la privation du droit de porter aucune décoration. C'est ce que fait l'article 34 du Code pénal dans la définition des conséquences de la dégradation civique, qui constitue soit une peine accessoire attachée à la condamnation aux travaux forcés, à la détention, à la réclusion ou au bannissement, soit une peine principale. C'est ce que font les articles 185, 188, 189, 190 du Code de justice militaire pour l'armée de terre du 9 juin 1857, et les articles correspondants du Code de justice militaire pour l'armée de mer, quand ils disposent que la dégradation militaire, prononcée à titre de peine principale ou de peine accessoire, entraîne non seulement l'enlèvement des décorations du condamné en même temps que des insignes militaires, mais la privation du droit de porter aucune décoration.

En pareil cas la justice ordinaire ou la justice militaire prononce la peine, avec toutes ses conséquences applicables de plein droit.

Les statuts de la Légion d'Honneur du 16 mars 1852, y font

allusion par cette formule très générale de l'article 38 dont la rédaction remonte au commencement du siècle : « La qualité de « membre de la Légion d'honneur se perd par les mêmes causes « que celles qui font perdre la qualité de citoyen français. »

Les articles 42 et 43 fixent les conditions dans lesquelles la dégradation est prononcée. D'après l'article 42 « les procureurs généraux auprès des Cours d'appel et les rapporteurs auprès des Conseils de guerre ne peuvent faire exécuter aucune peine infamante contre un membre de la Légion qu'il n'ait été dégradé ». Aux termes de l'article 43, « pour cette dégradation, le Président de la Cour d'appel, sur le réquisitoire de l'avocat général ou le président du Conseil de guerre, sur le réquisitoire du rapporteur, prononce, immédiatement après la lecture des jugements, la formule suivante : « Vous avez manqué à l'honneur ; je déclare, au nom de la Légion, que vous avez cessé d'en être membre »(1).

Mais ces règles ne s'appliquent plus aux condamnations prononcées par les cours d'assises ou les conseils de guerre quand, par suite de circonstances atténuantes, la peine n'est pas infamante, ni aux condamnations prononcées par les tribunaux correctionnels, ni aux condamnations pour délits, prononcées par les juridictions militaires. Ici se trouve le domaine de la juridiction propre à la Légion d'Honneur et si ce ne sont pas les cas les plus graves, ce sont les plus nombreux. L'article 46 des statuts de l'ordre porte que « le chef de l'Etat peut suspen- « dre, en tout ou en partie, l'exercice des droits et prérogatives, « ainsi que le traitement attaché à la qualité de membre de la « Légion d'Honneur (pour les militaires) et même exclure de la « Légion, lorsque la nature du délit et la gravité de la peine « prononcée correctionnellement paraissent rendre cette mesure « nécessaire. »

C'est au chef de l'État que l'article 46 attribue le pouvoir de statuer ; mais l'article 56 ajoute que le Conseil de l'ordre donne son avis sur les mesures de discipline.

Au moment où l'arrêté du 24 ventôse an XII avait organisé la discipline de la Légion d'Honneur et posé des principes qui ont passé dans les statuts de 1816 et qui se retrouvent dans ceux de 1852, il avait confié au Grand Conseil le pouvoir de prononcer les suspensions ou les radiations à la suite de condamnations à

____

(1) Les codes de justice militaire ont modifié cette formule.

des peines correctionnelles. Le Grand Conseil était composé, d'après la loi du 29 floréal an X, de sept membres, savoir : les trois consuls, auxquels étaient adjoints un sénateur, un membre du corps législatif, un membre du tribunat, un conseiller d'État, tous élus par le corps auquel ils appartenaient. C'était ce grand Conseil qui nommait les membres de la Légion. Mais pour l'assister dans l'exercice du pouvoir disciplinaire et dans l'administration des biens compris dans la dotation de l'ordre, un arrêté du 4 germinal an XII avait constitué un comité de consultation, composé de membres de l'ordre nommés par lui et dans lequel étaient entrés notamment quatre sénateurs, quatre membres du Conseil d'État et un membre du tribunat. C'est ce comité de consultation qui est devenu en 1851 le conseil de l'ordre. Dans la réorganisation de 1851, on y avait fait entrer plusieurs généraux, un vice-amiral, un conseiller à la Cour de cassation, un conseiller d'État, un conseiller-maître à la Cour des comptes. Dans la composition du Conseil actuel figurent plusieurs généraux, un vice-amiral, un président de section au Conseil d'état, un premier président honoraire à la Cour de cassation, quatre membres de l'Institut dont deux appartenant à la section de morale et à la section de législation de l'Académie des sciences morales et politiques, un ancien directeur au ministère des Affaires étrangères, un ancien directeur au ministère de la Marine.

Lorsqu'on a discuté en 1873 différents projets qui tendaient à donner au Conseil de l'ordre de la Légion d'Honneur le pouvoir d'accorder les décorations, on a proposé des combinaisons toutes différentes de celles que nous venons d'indiquer. Si ces combinaisons devaient aboutir, il ne faudrait pas oublier que l'exercice du pouvoir disciplinaire à l'égard des membres de la Légion d'Honneur exige des connaissances spéciales à différents points de vue et que la composition du Conseil actuel donnait à tous les justiciables, militaires ou civils, et à la dignité de l'ordre de précieuses garanties.

L'article 56 des statuts ne fait intervenir le Conseil de l'ordre que pour donner des avis. Le chef de l'État peut donc ne pas se conformer à ses propositions quand il s'agit des conséquences de condamnations définitives, et il est arrivé quelquefois qu'il a été moins rigoureux que le Conseil.

Dans la discussion qui a eu lieu à la Chambre des députés le 13 juillet dernier, on a indiqué qu'il existait une disposition réglementaire portant : « Le chef de l'État ne peut prononcer cette exclusion ou les peines disciplinaires que s'il en est saisi par un rapport du Grand Chancelier de la Légion d'Honneur. » On y voyait un correctif regrettable de l'article 46 des statuts. Cette disposition n'existe pas. Nous l'avons vainement cherchée. Peut-être aura-t-on voulu faire allusion à l'article 5 d'un décret du 24 novembre 1852 qui n'est d'ailleurs pas rédigé en ces termes, et qui, rappelant la pratique habituelle, parle des propositions du Grand Chancelier, faites après avis du Conseil de l'ordre. Mais cet article qui n'avait rien de limitatif à cet égard, a été abrogé par un décret du 9 mai 1874.

Les statuts de l'ordre n'ont pas établi de juge d'appel au-dessus du Président de la République, Grand Maître de l'Ordre, statuant sur la proposition du Grand Chancelier, après avis du Conseil de l'ordre. Mais en vertu du principe fondamental d'après lequel les décisions de toutes les autorités administratives peuvent être attaquées devant le Conseil d'Etat pour excès de pouvoirs, principe consacré par une très longue jurisdence, qui a pour base la loi des 7-14 octobre 1790 et l'article 8 de la loi du 24 mai 1872, le Conseil d'Etat a reçu depuis 1859 un certain nombre de recours.

Ce n'est pas qu'il ait cru pouvoir apprécier si la décision disciplinaire était exactement appropriée aux faits incriminés et trop rigoureuse ou trop indulgente. Un juge d'appel pourrait seul se prononcer à ce sujet. Il a seulement statué sur la question de violation des dispositions de la loi ou des règlements. C'est à ce point qu'il a lui-même limité son autorité (1). Il est vrai que dans son *Traité de la juridiction administrative*, M. Laferrière, avec qui nous sommes habituellement d'accord, fait des réserves à ce sujet, et exprime l'opinion qu'une mesure disciplinaire, si elle était trop rigoureuse et trop disproportionnée au délit et à la peine, par exemple une radiation prononcée pour un délit de chasse ou un délit de pêche réprimé par une simple amende, pourrait être considérée comme entachée d'excès de pouvoirs. Mais en admettant cette hypothèse, qui ne s'est jamais présentée et ne se présentera sans doute jamais, nous cherchons

(1) Arrêts du 28 mai 1876 (*Randoing*) et du 3 décembre 1880 (*Vallet de Lubriat*).

vainement la base légale de ces réserves. Pour l'appréciation des faits et la convenance d'une mesure disciplinaire plus ou moins rigoureuse, le législateur nous paraît s'en être rapporté à l'appréciation d'une autorité qui présentait des garanties spéciales.

Les statuts laissent, en effet, un pouvoir d'appréciation sans limites, au chef de l'Etat. Il a le droit de tenir compte de la nature du délit, de la gravité de la peine, et c'est pour cela qu'il peut prononcer soit la suspension, soit l'exclusion. On pourrait penser, au premier abord, que lorsque l'honneur est compromis, il l'est d'une manière définitive et absolue. Quand on y regarde de près, on aperçoit que tous les délits frappés par des peines correctionnelles, surtout ceux qui sont commis par des militaires, n'ont pas le caractère honteux et absolument contraire à l'honneur, du vol et de l'escroquerie; on est amené à reconnaître que la privation définitive du droit de porter une distinction acquise par de longs services ou par une action d'éclat et des blessures serait, dans bien des cas, un châtiment trop rigoureux, et que le juge, s'il n'avait d'autre peine à appliquer que l'exclusion, pencherait trop souvent pour l'indulgence. Une peine moins forte permet de donner satisfaction à la justice.

La question s'est élevée de savoir si une condamnation à l'amende, prononcée par un tribunal correctionnel, pouvait servir de base à une mesure de discipline. Un décret du 24 novembre 1852, dans son article 5, semblait l'interdire. Cet article a été abrogé par un décret du 9 mai 1874, et avec raison. Il peut arriver que des faits contraires à l'honneur ne soient punis que par des amendes plus ou moins considérables.

Du reste, pendant la durée de certaines peines, comme l'emprisonnement, les travaux publics, peine spéciale aux militaires de l'armée de terre et de l'armée de mer, les droits et prérogatives, attachés à la qualité de membre de la Légion d'Honneur, sont nécessairement suspendus en vertu de l'article 3 du décret du 24 novembre 1852. L'envoi, par punition, d'un militaire des armées de terre et de mer dans les compagnies de discipline, a les mêmes effets.

Quant aux condamnations prononcées par les tribunaux de simple police, qui reposent le plus souvent sur la constatation

A.

d'un fait, sans qu'on ait à discuter l'intention de celui qui l'a commis, elles ne peuvent motiver ni la radiation, ni la suspension. Le texte de l'article 46 est limitatif à cet égard ; en ne les mentionnant pas, il les exclut.

Il faut rattacher à cette même branche du pouvoir disciplinaire la suspension qui est toujours prononcée à la suite des jugements qui déclarent un commerçant en faillite ; la suspension dure jusqu'à la réhabilitation. Elle est fondée sur la disposition de l'article 38 des statuts, d'après laquelle la qualité de membre de la Légion d'Honneur se perd par les causes qui font perdre la qualité de citoyen français. Les commerçants déclarés en état de faillite sont en effet rayés des listes électorales jusqu'à leur réhabilitation. Mais il n'en est pas de même pour les commerçants qui, tout en cessant leurs paiements, obtiennent le bénéfice de la liquidation judiciaire organisée par la loi du 4 mars 1889. D'après l'article 21 de cette loi, le commerçant à qui le bénéfice de la liquidation judiciaire est accordé ne peut plus être nommé à aucune fonction élective, mais il n'est pas rayé des listes électorales ; il n'a pas perdu la qualité de citoyen français.

Si un légionnaire vient à perdre la nationalité française, par un fait dépendant non plus d'une condamnation, mais de sa volonté, comme un changement de nationalité, la même règle lui est applicable d'après l'article 1er du décret du 24 novembre 1852. Sans doute les étrangers peuvent recevoir la décoration de la Légion d'Honneur, comme les Français peuvent, avec l'autorisation du gouvernement, recevoir des décorations étrangères. Mais un Français qui, après avoir été décoré pour des services rendus à sa patrie, change de nationalité, n'a plus de titres à conserver sa décoration. A plus forte raison en est-il ainsi dans le cas où un Français aurait accepté des fonctions publiques dans un pays étranger et les conserverait malgré l'injonction du gouvernement français de les résigner dans un délai déterminé, ou bien encore aurait pris du service dans les armées étrangères sans l'autorisation du gouvernement, contrairement aux articles 17 et 21 du Code civil, complétés par la loi du 26 juin 1889.

Toutes les mesures disciplinaires que nous venons de signaler ont pour base des jugements ou des faits auxquels la législation elle-même attache expressément comme conséquence la perte de la qualité de membre de la Légion d'Honneur.

Mais pour que les jugements puissent entraîner de pareilles conséquences, il faut qu'ils soient définitifs et exécutoires et n'aient pas donné lieu à un pourvoi devant la Cour de cassation. L'article 41 des statuts de l'ordre porte que « toutes les fois qu'il y a eu recours en cassation contre un jugement rendu en matière criminelle, correctionnelle ou de police, relatif à un légionnaire, le procureur général auprès de la Cour de cassation en rend compte, sans délai, au ministre de la Justice, qui en donne avis au Grand Chancelier de la Légion d'Honneur ». Le pourvoi suspend l'action disciplinaire ; la cassation de l'arrêt la supprime. Elle ne peut renaître, dans le régime organisé par l'article 46 des statuts, que s'il intervient une nouvelle condamnation et si la nouvelle décision n'est point cassée à son tour.

Il faut, en outre, que le jugement ait été notifié. Un jugement qui n'a pas été notifié est considéré comme n'existant pas. Cette règle a dû être rappelée plusieurs fois, notamment dans une affaire tristement célèbre.

Ici se présentent des questions qui ont donné lieu, dans ces derniers temps, à de regrettables confusions. Il peut arriver que la justice, après avoir étudié une affaire où se présentaient des actes qui paraissaient des crimes et des délits et qui sont contraires à l'honneur, renonce aux poursuites ou déclare que l'acte incriminé n'est pas punissable, tout en reconnaissant qu'il a été commis. Cela peut se produire dans des circonstances diverses. Ainsi une poursuite pour escroquerie ou abus de confiance aboutit à un acquittement parce que les actes incriminés ne présentent pas toutes les circonstances qui constituent, d'après la loi pénale, les délits d'escroquerie et d'abus de confiance ; mais les juges, en prononçant l'acquittement, relèvent tout ce que ces actes renfermaient de contraire à la délicatesse et à la probité scrupuleuse. Dans d'autres cas, la justice constate l'existence de faits punissables ; mais elle reconnaît que le délai dans lequel la poursuite devait être exercée est expiré et que l'action publique est prescrite. Par suite, elle se dessaisit, soit que le juge d'instruction rende une ordonnance de non lieu, soit que le Tribunal de première instance ou la Cour d'appel ou la Cour de cassation reconnaissent la prescription qui n'avait pas été admise tout d'abord.

Que doit-il se passer dans ces différents cas, sous le régime de l'article 46 des statuts de l'ordre du 16 mars 1852 ? Il a été affirmé devant la Chambre des députés lors la discussion de l'interpellation de M. Pourquery de Boisserin que « toujours, de « tout temps, dans toutes les circonstances... le Conseil de « l'ordre s'est contenté, pour rayer des légionnaires, d'avoir l'af- « firmation par des magistrats, des faits de nature à porter « atteinte à l'honneur et à la considération de celui qui échap- « pait à la peine par la prescription ». Cette affirmation, qui pa- raît avoir vivement impressionné la Chambre, est complètement erronée. Le Conseil n'a jamais appliqué en ce sens l'article 46 des statuts et il n'aurait pas pu le faire. L'action disciplinaire prévue par cet article doit avoir pour base une condamnation définitive. Dans tous les cas que nous venons de signaler, il n'y a pas de condamnation. Celles qui ont pu être rendues ont dis- paru dans l'arrêt qui termine les affaires. Par suite, le chef de l'Etat et le Conseil de l'ordre de la Légion d'Honneur ne peuvent être saisis. Assurément c'était une lacune regrettable dans la législation. Aussi le Conseil de l'ordre s'est fondé sur la loi du 25 juillet 1873 et sur le décret du 14 avril 1874 pour combler cette lacune. Mais il a, dans ce cas, vérifié et apprécié les faits à son point de vue. Nous dirons bientôt dans quelles conditions.

Il y a plus. Tous les jugements de condamnation définitive ne peuvent pas avoir la même efficacité au point de vue de la discipline. Cela dépend de l'époque où ils ont été rendus. S'ils sont antérieurs à la date de la nomination dans la Légion d'Hon- neur, ils ne peuvent être pris pour base d'une mesure discipli- naire.

Entraîné par le désir de sauvegarder la dignité de l'ordre, le Conseil avait rendu plusieurs décisions dans lesquelles il mé- connaissait cette règle. C'était après la funeste guerre de 1870- 1871. Au milieu de la confusion qui s'était produite, la décora- tion de la Légion d'Honneur avait été accordée à des officiers ou à des soldats de la garde nationale mobile qui s'étaient montrés braves devant l'ennemi, ou qui avaient passé pour tels et dont on n'avait pas vérifié les antécédents. Plus tard, ces antécédents

avaient été relevés, et ils avaient paru de nature à entraîner la
radiation. Le Conseil d'Etat, saisi de recours pour excès de pouvoirs par les légionnaires intéressés, a décidé que les radiations
étaient illégales, qu'aucune disposition de loi n'autorisait, après
la réception dans l'ordre, la révocation d'une nomination à raison de l'erreur commise dans l'appréciation des titres du légionnaire (1). Il y avait là, en effet, un principe très dangereux dont
rien n'aurait pu limiter l'application. Le Gouvernement est
censé avoir pris sa résolution en pleine connaissance de cause,
avoir apprécié et jugé le passé de ceux qu'il récompense. Le
scandale d'une erreur isolée a des inconvénients moins graves
que la reconnaissance du droit de remettre toutes les décorations
en question sous prétexte d'erreurs.

Ajoutons toutefois que la nomination n'est définitivement acquise que par la formalité de la réception dont les conditions
sont fixées par les articles 25 à 32 du décret du 16 mars 1852 et
qui, pour les militaires, a lieu avec une véritable solennité. Il y
a là une ressource pour réparer les erreurs que la publication
des décorations ferait apercevoir, et le cas s'est présenté. Seulement, il est évident que ce n'est pas au Conseil de l'ordre qu'il
appartiendrait d'intervenir en pareil cas, puisque le candidat
nommé, n'étant pas encore entré dans l'ordre, n'est pas son jus-
ticiable ; c'est le ministre compétent qui aurait à faire rendre
un nouveau décret.

Telles sont les principales questions qui peuvent naître à l'occasion de l'exercice du pouvoir disciplinaire provoqué par des
jugements prononçant des condamnations contre des légionnaires.

II

Ce pouvoir n'a pas paru suffisant pour sauvegarder la dignité
de l'ordre. Il y a longtemps qu'on a dit que tout ce que la loi ne
défend pas, n'est pas pour cela conforme à la stricte probité,
encore moins à l'honnêteté, dans le sens le plus élevé du mot, à
l'Honneur. Peu de temps après la mise en vigueur de la législation de l'an XII, l'expérience avait fait reconnaître la nécessité
d'étendre les limites de la discipline. L'article 62 des statuts

(1) Arrêts du Conseil du 30 mai 1873 (*Burgues*), — 11 juillet 1873 (*Pignot*). —
12 novembre 1875 (*Maréchal*).

de 1816 avait décidé qu'un règlement particulier déterminerait les peines à infliger pour les actions qui ne peuvent être l'objet d'aucune poursuite judiciaire et qui cependant, attentent à l'honneur d'un membre de la Légion.

Mais ce principe n'a pu entrer alors dans la législation. Le projet de règlement présenté par la Grande Chancellerie, rencontra au Conseil d'Etat de graves objections. Le Conseil d'Etat estimait d'abord que de nouvelles règles en matière pénale devaient être consacrées par une loi. D'autre part, il lui semblait dangereux de permettre l'exercice d'un pouvoir arbitraire dont il était impossible de fixer les limites, et qui avait une portée plus étendue que celle des juridictions disciplinaires appelées à faire respecter par les magistrats, par les avocats, par les officiers ministériels les règles spéciales de leur profession. Le projet fut abandonné à cette époque. Il ne fut pas repris dans les statuts de 1852. Toutefois, on fit une première application du principe dans le décret du 24 novembre 1852 qui autorisait à prononcer l'exclusion ou la suspension contre les officiers des armées de terre et de mer mis en réforme pour inconduite habituelle ou pour faute contre l'honneur. Il y avait là une décision qui pouvait servir de base à celle du Conseil de l'ordre, un acte du chef de l'État, rendu sur l'avis d'un conseil d'enquête, qui enlevait à l'officier son grade. Si ce n'était pas un jugement, cela s'en rapprochait, et l'instruction qui précédait la mise en réforme, donnait des garanties sérieuses aux justiciables. D'ailleurs, il y avait une contradiction choquante entre la privation du grade, et le maintien de la décoration.

La mesure a été étendue enfin à tous les légionnaires, sans distinction entre les civils et les militaires, par une loi du 25 juillet 1873. La Grande Chancellerie se disposait à faire rendre un règlement dans ce but, au moment où l'assemblée nationale examinait un projet de loi général sur la Légion d'Honneur. Le législateur s'est approprié le projet de la Grande Chancellerie et l'article 6 de la loi de 1873 a reproduit l'article 62 des statuts de 1816.

Le règlement prévu par la loi a été rendu le 14 avril 1874, après une longue étude du Conseil de l'ordre et du Conseil d'État. Il n'avait pas seulement à déterminer les peines à infliger. Il avait à fixer les conditions dans lesquelles elles seraient prononcées ; il avait à instituer une procédure pour donner des garanties aux légionnaires dont la conduite est incriminée. Quand il ne s'agit que de tirer les conséquences d'un jugement rendu après une instruction approfondie par l'autorité judiciaire ou les conseils de guerre à l'occasion d'actes punis par la loi, une procédure spéciale n'est pas nécessaire ; il n'en est pas de même quand il s'agit d'actes non prévus par la loi, dont les preuves sont difficiles à recueillir, dont l'appréciation est souvent délicate. Le règlement de 1874 a imité, autant que possible la procédure suivie pour les conseils d'enquête appelés, en vertu de la loi du 19 mai 1834, à statuer sur la mise en réforme des officiers des armées de terre ou de mer qui a jusqu'ici paru suffisante pour obtenir la répression des scandales en donnant aux justiciables les garanties nécessaires.

Lorsque le Grand Chancelier est saisi de rapports ou de plaintes qui lui signalent des faits de nature à entraîner l'application de la loi de 1873, il doit faire procéder à une information sommaire après laquelle il décide s'il y a lieu de donner suite à la plainte. Une commission d'enquête, composée de trois membres d'un grade au moins égal à celui de l'inculpé, est désignée pour entendre ses explications et recueillir des renseignements. La commission transmet au Grand Chancelier les explications orales et les mémoires justificatifs qui lui ont été fournis. Elle y joint son avis. Le Conseil de l'ordre peut, à son tour, décider que l'inculpé sera admis à présenter des explications devant trois de ses membres. Il émet son avis qui doit être pris à la majorité des deux tiers des voix, s'il conclut à l'exclusion. Il ne donne qu'un avis qui ne peut être exécutoire contre l'inculpé qu'après l'approbation du Président de la République. Toutefois cet avis ne peut être modifié qu'en faveur du légionnaire qui, par suite, a toujours le bénéfice de la sentence la moins rigoureuse.

Cette procédure n'est pas complètement applicable aux officiers mis en réforme ou mis à la retraite d'office à la suite de l'avis d'un conseil d'enquête, pour inconduite habituelle ou faute contre l'honneur, ni aux sous-officiers ou soldats, officiers mariniers ou marins contre lesquels des peines disciplinaires auraient été prononcées pour des faits portant atteinte à l'honneur. L'avis du Conseil d'enquête ou du Conseil de discipline exigé par les lois sur l'armée suffit en pareil cas et peut servir de base à l'appréciation du Conseil de l'ordre.

Ainsi le règlement exige une instruction contradictoire, deux degrés d'examen, une majorité exceptionnelle pour la mesure disciplinaire la plus grave ; il permet au chef de l'Etat d'adoucir la peine proposée ; il ne lui donne pas le droit de l'aggraver. Ce dernier point a paru récemment être regrettable. Il ne faut pas oublier qu'il n'est que la reproduction d'une règle établie par l'article 13 de la loi du 19 mai 1834 à l'égard des officiers qui paraissent à leurs chefs dans le cas d'être mis en réforme pour fautes contre l'honneur. Quand on songe qu'il ne s'agit pas ici de l'application de lois écrites, on n'est pas disposé à trouver qu'il y ait trop de garanties pour éviter les erreurs du juge.

Il n'y a pas de recours établi dans le règlement. Les règles que nous avons déjà indiquées au sujet des recours qui peuvent être formés pour excès de pouvoirs devant le Conseil d'Etat dans le cas d'application de l'article 46 du décret de 1852 s'appliquent nécessairement ici.

Les peines qui peuvent être prononcées sont : 1° la censure ; 2° la suspension totale ou partielle de l'exercice des droits et prérogatives et du traitement attaché à la qualité de membre de la Légion d'Honneur ; 3° l'exclusion de la Légion.

La censure est prononcée par le Grand Chancelier, la suspension et l'exclusion sont prononcées par le Président de la République.

Pour définir les actes auxquels s'applique le pouvoir disciplinaire organisé par la loi de 1873 et le règlement de 1874, on a souvent invoqué le remarquable rapport présenté par M. Louis LaCaze à l'Assemblée nationale. L'auteur de ce rapport fait ressortir, dans des termes élevés, les lacunes de l'ancienne législation. Mais il ne faut pas s'attacher à ses paroles pour donner une explication complète du texte ; on le restreindrait d'une manière regrettable. La loi nouvelle s'applique aux actes qui ne peuvent être l'objet d'aucune poursuite devant les tribunaux ou les conseils de guerre. Elle permet donc d'atteindre et les actes que la loi pénale n'a pas déclarés punissables et qui cependant portent atteinte à l'honneur, et les actes prévus par le Code pénal, mais que la prescription ou l'amnistie ne permettent pas de réprimer

Il faut s'expliquer nettement à cet égard. Parlons d'abord des actes que la loi pénale n'a pas prévus. Ce n'est pas par une théorie générale, c'est par des exemples qu'on peut les caractériser. Ainsi le Conseil a frappé d'anciens officiers, d'anciens fonctionnaires qui étaient associés plus ou moins directement à une industrie immorale, des légionnaires tombés dans une inconduite habituelle et qui, profitant de la confiance qu'inspirait leur décoration pour faire des dupes, contractaient sans cesse de nouvelles dettes alors qu'ils n'avaient aucune ressource pour les acquitter. Ainsi encore, il a dû prononcer la radiation d'un légionnaire qui avait obtenu sa décoration par l'influence d'un personnage dont il avait acheté la recommandation à prix d'argent.

Il a frappé également d'anciens officiers mis à la réforme ou mis à la retraite d'office pour inconduite habituelle ou pour faute contre l'honneur, des sous-officiers ou soldats frappés disciplinairement pour les mêmes causes. Il a fait de même à l'égard d'avocats rayés du tableau pour faits d'indélicatesse, de notaires destitués pour des actes de même nature.

Le Conseil a encore prononcé la radiation de légionnaires qui, ayant été poursuivis pour escroquerie ou pour abus de confiance, avaien' été acquittés, mais dont les actes avaient été caractérisés par les tribunaux comme contraires à la délicatesse.

Dans ces différentes catégories de faits, on voit qu'il s'agit d'actions contraires à l'honneur, mais qui ne sont pas punissables d'après le Code pénal.

Mais ce n'est pas tout. Le Conseil de l'ordre peut agir encore et prononcer des mesures disciplinaires au sujet de faits prévus par le Code pénal lorsque la justice est désarmée. Sans doute, il ne lui appartient pas (la législation spéciale ne l'a pas voulu) de devancer la justice criminelle et d'ouvrir une instruction en concurrence avec elle, mais quand l'action publique est éteinte par la prescription ou par l'amnistie, on se trouve en réalité dans le cas prévu expressément par l'article 6 de la loi de 1873 ; on se trouve en présence « d'actions qui ne peuvent être l'objet de pour- « suites devant les tribunaux ou les conseils de guerre et qui « portent atteinte à l'honneur d'un membre de la Légion ».

Le Conseil n'a pas hésité à interpréter le texte de la loi dans le sens le plus large. S'il en eût été autrement, il aurait dû s'abs-

tenir de réprimer des faits dont l'immoralité était plus caracté-
risée que celle des faits déshonorants qui ne sont pas prévus par
le Code pénal.

Il n'était pas admissible que les auteurs d'un vol, d'une escroquerie, d'un acte de chantage, d'une série de publications
faites de mauvaise foi pour attirer des souscriptions dans une
affaire industrielle pussent continuer à se parer de la Légion
d'Honneur parce que leurs méfaits auraient été constatés trop
tard et que les tribunaux ne pourraient plus les condamner à
l'emprisonnement.

Seulement quelle est, dans l'instruction ouverte par la grande
Chancellerie de la Légion d'honneur en vertu du décret du
14 avril 1874, la valeur des actes émanés soit des différentes autorités disciplinaires, soit de l'autorité judiciaire, et qui consta-
tent ou des faits déshonorants non prévus par le Code pénal, ou
des faits prévus par le Code, mais couverts par la prescription ?
On a soutenu récemment que ces actes, du moins ceux de l'autorité judiciaire, s'imposaient au Conseil comme s'ils constituaient
la chose jugée. Cette doctrine n'a jamais été admise par le Conseil et elle ne pouvait l'être. Il n'y a de chose jugée au point de vue
de la Légion d'Honneur que dans un jugement définitif de condamnation. Les autres actes constituent des documents à consulter, documents plus ou moins considérables, mais que le
Conseil a le droit de discuter et le devoir d'écarter si l'inculpé,
dans l'instruction spéciale à la Légion d'Honneur, démontre
qu'ils contiennent une erreur de fait ou de droit. Qu'on y regarde de près. Ces documents, que ce soient des rapports d'un
juge d'instruction accompagnés d'une ordonnance de non-lieu,
des jugements de tribunal de première instance ou des arrêts
de cour aboutissent tous à un acquittement ou à une suppres-
sion des poursuites. Or si blessants que puissent être les motifs
d'un jugement qui prononce un acquittement, ils ne peuvent
donner lieu à un pourvoi devant le juge supérieur ou devant la
Cour de cassation. Ainsi l'inculpé contre lequel il est reconnu
que des poursuites ne peuvent être exercées n'a pas de moyens de
faire reviser par l'autorité judiciaire cette déclaration qu'il a
commis un acte contraire à l'honneur. Il est donc indispensable
que le juge spécial de l'honneur lui donne à cet égard le moyen
de se défendre et puisse se prononcer en toute liberté sans être

lié par une décision quelconque des autorités qui ont apprécié avant lui le même fait.

Si le Conseil de l'ordre apprécie à son point de vue les actes qui lui sont signalés autrement que l'autorité judiciaire, ce qui arrive rarement, mais ce qui est arrivé, il n'y a pas là un conflit, ni un outrage pour la magistrature, comme on l'a dit ; il y a un dissentiment qui peut être absolument légitime, un dissentiment de la même nature que celui qui se produit chaque jour entre les tribunaux de première instance et les cours d'appel, entre les cours d'appel et la Cour de cassation. La Chambre des députés a récemment exprimé le regret que le Conseil de l'ordre n'ait pas tenu compte d'un arrêt de justice qui avait cependant perdu l'autorité de la chose jugée. Songe-t-on à ce que serait la situation des membres du Conseil de l'ordre qui ne pourraient pas tenir compte des résultats de l'instruction spéciale faite devant eux et qui seraient obligés de prononcer une radiation, alors qu'il leur serait démontré que l'arrêt qui leur est signalé comme document à consulter, est contraire à la loi et à la justice ? Seraient-ils seuls parmi les juges à être privés du droit et dégagés du devoir d'obéir aux inspirations de leur conscience ?

Toutes ces considérations ont été perdues de vue dans une discussion improvisée ; il faudra qu'on y revienne pour juger en connaissance de cause la législation et les applications qui en ont été faites.

Une autre question a mis le Conseil dans l'embarras. C'est le cas d'accusés acquittés par le jury malgré leurs aveux formels. Mais ici, comme le jury se prononce sans donner de motifs, et que, par suite, l'appréciation de la conduite des accusés au point de vue moral ne peut pas être distincte de l'appréciation au point de vue pénal, ainsi que cela arrive dans les jugements correctionnels, le Conseil de l'ordre a reconnu qu'il ne pouvait, sans se mettre en contradiction formelle avec la décision du jury qui déclarait les accusés non coupables et avec la décision de la Cour d'assises qui prononçait purement et simplement l'acquittement, tenir compte des aveux constatés dans les pièces de la procédure criminelle. Il a donc, non sans regret, décidé qu'il ne pouvait exercer, en pareil cas, d'action disciplinaire.

III

Peut-on rentrer dans la Légion d'Honneur quand on en est
sorti par une radiation? C'est la question qu'il nous reste à exa-
miner. Elle n'est pas tranchée par les statuts. C'est par la jurisprudence du Conseil de l'ordre qu'elle a été résolue.

Pour se rendre compte des cas dans lesquels elle peut se poser,
il faut rappeler les diverses conditions dans lesquelles la radiation peut être prononcée. On a vu qu'elle l'est, en cas de condamnation à des peines infamantes, par les cours d'assises ou
les conseils de guerre comme une conséquence nécessaire de la
peine, qu'en cas de condamnation à des peines correctionnelles,
elle est prononcée par le chef de l'Etat, sur l'avis du Conseil de
l'ordre, qu'enfin elle peut résulter d'une décision rendue par la
même autorité, pour des faits à l'égard desquels aucune poursuite judiciaire n'est possible.

Or, les condamnations qui servent de base aux radiations
peuvent n'être pas exécutées ou être effacées en vertu de diverses
mesures, la grâce, l'amnistie, la réhabilitation. D'autre part les
circonstances qui justifient la grâce et la réhabilitation peuvent se
produire à l'égard des faits qui ont motivé une radiation prononcée sans condamnation judiciaire. Une réintégration est-
elle nécessaire ou est-elle possible dans ces différents cas?

A l'égard des radiations qui résultent des condamnations à
des peines infamantes et qui ont été prononcées par les cours
d'assises ou les conseils de guerre, la grâce ne peut entraîner la
réintégration. Il est de principe que la grâce laisse subsister les
incapacités qui résultent des condamnations. Le condamné
gracié, au point de vue criminel, reste incapable de porter une
décoration comme il reste incapable d'être fonctionnaire public.
Une grâce spéciale au point de vue de la Légion d'Honneur n'est
pas possible.

Il n'en est pas de même de l'amnistie. L'amnistie, mesure col-
lective, accordée par les Chambres, à la différence de la grâce
qui est accordée par décisions individuelles du Président de la
République, a des effets plus étendus. D'après la doctrine et la
jurisprudence, elle couvre du voile de l'oubli les crimes et les
délits qui en sont l'objet, elle en efface jusqu'au souvenir et ne
laisse rien subsister des condamnations prononcées, sauf le

droit des tiers. Il s'ensuit qu'elle rétablit les amnistiés au jour
où elle est prononcée, dans la situation qu'ils avaient avant la
condamnation, que les condamnations prononcées disparaissent
avec toutes leurs conséquences, qu'ils rentrent dans tous leurs
droits civils et civiques, que les poursuites qui n'auraient pas
été commencées sont désormais arrêtées, qu'en un mot les faits
criminels sont considérés comme non avenus. Sans doute, on
ne revient pas sur le passé en accordant au condamné une répa-
ration; ce qui est accompli ne peut se détruire, mais aucune
trace du passé ne doit plus, en matière pénale, subsister dans
l'avenir.

Le Conseil de l'ordre ne s'est cependant pas décidé sans résis-
tance à accepter cette idée que l'amnistie avait pour effet nécessaire de réintégrer dans l'ordre de la Légion d'Honneur les con-
damnés qui avaient été rayés. Il pensait que si cette mesure
pouvait replacer les amnistiés dans les mêmes conditions que
tous les autres Français au point de vue des droits civils et civiques, elle ne pouvait entraîner de plein droit, à défaut d'une disposition expresse, la restitution de distinctions honorifiques qui
placent ceux qui les ont reçus dans une situation exceptionnelle
et qui, par suite, les soumettent à une discipline spéciale pour
tous les actes contraires à l'honneur.

Mais le Conseil d'Etat n'a pas consacré cette doctrine et nous
croyons qu'elle ne pouvait pas l'être. Déjà un arrêt de la Cour
de cassation avait admis implicitement que l'amnistie complète rendait nécessairement le droit de porter une décoration. Le
Conseil d'Etat, se plaçant au point de vue des principes du droit
strict, s'est prononcé dans le même sens. Le condamné amnistié
reprenant l'exercice entier de ses droits civils et politiques, ne
peut plus rester frappé de la dégradation par application des
articles 38 et 39 des statuts de l'ordre (1).

Toutefois en s'inclinant devant la jurisprudence du Conseil
d'État au point de vue de la réintégration, le Conseil de l'ordre a
pensé qu'il conservait le droit de reprendre l'examen des faits
couverts par l'amnistie, au point de vue pénal, en appliquant la loi
du 25 juillet 1873 et le décret du 14 avril 1874. Ainsi des militaires déserteurs, rentrés en France après une amnistie qui les

____

(1) Arrêt de la Cour de cassation, 16 avril 1845 (*Kersausie*). — Arrêt du Conseil
d'État du 13 mai 1881 (*Brissy*).

mettait à l'abri de toutes poursuites criminelles, ont été rayés des
contrôles de la Légion d'Honneur ou de la médaille militaire, soit
à la suite de mesures disciplinaires prises par l'autorité militaire
qui considérait la désertion comme une faute contre l'honneur,
soit sur l'avis de commissions d'enquête instituées dans les conditions du règlement du 14 avril 1874. Assurément c'est avec
une grande mesure qu'il faut user du pouvoir disciplinaire en
pareil cas. Il serait, à notre avis, imprudent de l'exercer dans
les questions qui auraient un caractère politique; ce serait aller
sinon contre le texte, du moins contre l'esprit des lois d'amnistie. Mais le Conseil d'État n'a pas condamné cecti doctrine ins-
pirée par des sentiments dont on ne peut contester l'élévation.

La réhabilitation a-t-elle les mêmes effets que l'amnistie? On
sait que les dispositions des articles 621 à 634 du Code d'instruction criminelle ont été gravement remaniées par la loi du
14 août 1885 qui a donné à la réhabilitation, prononcée dans des
conditions nouvelles, des effets plus étendus. Ce n'est plus une
faveur du gouvernement accordée après avis de la justice, c'est
une décision judiciaire qui intervient pour réhabiliter le condamné. D'autre part, l'article 634 du Code d'instruction criminelle se bornait à faire cesser, pour l'avenir, dans la personne
du condamné, toutes les incapacités qui résultaient de la condamnation. Le nouveau législateur a voulu davantage. D'après le
texte de la loi de 1885 « la réhabilitation efface la condamnation
et fait cesser pour l'avenir toutes les incapacités qui en résultaient ». Comme l'a dit M. Bérenger, qui avait pris au Sénat l'ini-
tiative de cette réforme, il a entendu « revenir à la tradition du
droit français ancien et même du droit romain. Dans ce système,
la réhabilitation est devenue la *restitutio in integrum* ou pour
rappeler l'expression de nos vieux jurisconsultes, la réintégration *dans la bonne fâme et renommée*. »

Si l'on s'attachait à ces paroles du rapporteur, il semblerait
que la conséquence de la réhabilitation doit être d'amener la réintégration dans l'ordre de la Légion d'Honneur. Le Conseil de
l'ordre n'en a cependant pas jugé ainsi. Il a considéré la réhabilitation comme un titre et même un titre considérable à une mesure de clémence; mais il n'a pas admis qu'elle entraînât de
plein droit la réintégration.

La question s'est présentée dans un cas où il s'agissait d'une radiation prononcée à la suite d'une condamnation correctionnelle par le chef de l'État et le Conseil d'État a rejeté le pourvoi formé contre la décision qui avait repoussé la demande de réintégration (1).

On pourrait faire remarquer, il est vrai, que la décision du Conseil est antérieure à la réforme du Code d'instruction criminelle et que, dans le nouveau texte, il est dit expressément que la condamnation est effacée. Or la condamnation qui avait servi de base à la radiation étant effacée, il semble que la radiation doit disparaître aussi.

Toutefois il ne faut pas oublier que si la réhabilitation efface pour l'avenir les incapacités qui résultaient de la peine, elle n'efface pas les peines exécutées. Or dans les dispositions de l'article 34 du Code pénal sur les conséquences de la dégradation civique il y a, en ce qui touche la décoration de la Légion d'Honneur deux mesures distinctes, la privation des insignes, la radiation des contrôles et la privation du droit de porter à l'avenir aucune décoration ; de même qu'il y a pour les fonctionnaires publics la destitution et la privation du droit d'occuper une fonction publique. Dans les deux cas il y a une peine à côté de l'incapacité. L'incapacité cesse pour l'avenir ; mais le condamné réhabilité n'est pas réintégré de plein droit dans son ancienne situation. Le fonctionnaire destitué redevient apte à occuper une fonction publique, il n'est pas réintégré dans son ancienne fonction. De même le condamné rayé des contrôles de la Légion d'Honneur redevient apte à recevoir une décoration ; mais la décoration dont il avait été privé ne lui est pas rendue de plein droit.

Les conséquences juridiques de la grâce, de l'amnistie, de la réhabilitation à l'égard des radiations prononcées par les cours d'assises ou les conseils de guerre comme conséquence des peines infamantes, doivent se produire à l'égard des radiations prononcées par le Président de la République, sur l'avis du Conseil de l'ordre, à la suite de condamnations à des peines correctionnelles. Toutefois il intervient ici un nouvel élément. La radiation résultant, non d'un jugement qui fait l'application pure et simple de la loi, mais d'une décision du chef de l'État qui a statué en vertu d'un pouvoir institué par une législation spéciale qui

(1) Arrêt du Conseil d'Etat du 20 février 1865 (*Delahourde*).

lui donne toute liberté d'appréciation, la réintégration ne peut avoir lieu de plein droit, elle doit être prononcée par une nouvelle décision du chef de l'Etat (1).

Dans ce cas, le chef de l'Etat a souvent plus de liberté pour accorder la réintégration. Après une amnistie la situation est la même : la réintégration s'impose; mais, à la suite d'une grâce, il en est autrement. Le Président de la République ne pourrait pas relever un condamné frappé de peines infamantes des incapacités qui sont la conséquence du jugement; il peut au contraire, après avoir accordé la grâce au point de vue pénal, accorder aussi, suivant les circonstances et après un délai plus ou moins long, la réintégration dans la Légion d'Honneur. Nous n'avons pas besoin d'insister ici sur les conséquences de la réhabilitation, elles sont les mêmes, quelle que soit la nature de la condamnation. Seulement on comprend que le Conseil de l'ordre accepte moins difficilement la réintégration pour les légionnaires qui n'avaient été frappés que de peines correctionnelles.

Enfin quand il s'agit de radiations prononcées par application de la loi du 25 juillet 1873 et du décret du 14 avril 1874, en dehors de toute décision judiciaire, le chef de l'Etat a pour retirer la mesure disciplinaire la même liberté que pour l'infliger.

Telles sont les traditions du Conseil de l'ordre au sujet de la réintégration, mais c'est avec une grande prudence qu'il s'est engagé dans cette voie et avant de se décider à donner un avis favorable à cette réhabilitation, quand il avait le pouvoir d'apprécier, il a exigé la preuve qu'elle était méritée. Dans ces conditions la réintégration accordée par voie de grâce n'énerve pas plus, en principe, la discipline de la Légion d'Honneur que l'amnistie, la grâce, la réhabilitation n'énervent, en principe, la justice criminelle. C'est une question de mesure dans l'usage d'un droit réservé pour des circonstances exceptionnelles.

Nous avons contribué pendant de longues années à appliquer la législation que nous venons d'exposer; nous ne redoutons pas pour elle et pour la jurisprudence qui l'a développée le jugement des hommes compétents.

(1) Cette règle a été consacrée par l'arrêt du Conseil d'Etat du 25 février 1881 (*Delahourde*) rendu en matière de réhabilitation, et par l'arrêt de la Cour d'appel de Paris du 25 avril 1881 (*Brucken*), rendu en matière d'amnistie.

Paris. — Typ. A. DAVY, 52, rue Madame. — Téléphone.

www.ingramcontent.com/pod-product-compliance
Lightning Source LLC
Chambersburg PA
CBHW061817060726
47597CB00008B/3240